AF324552

RÉPONSE

DE M. DE VOLTAIRE

A M. DIODATI DE TORAZZI,

Auteur du Livre de l'Excellence de la Langue Italienne.

RÉPONSE

DE M. DE VOLTAIRE

A M. DIODATI DE TORAZZI,

*Auteur du Livre de l'Excellence de la
Langue Italienne.*

JE suis très-senfible, Monfieur, à l'honneur que vous me faites de m'envoyer votre Livre de l'Excellence de la Langue Italienne : c'eft envoyer à un amant l'éloge de fa maîtreffe. Permettez-moi cependant quelques réflexions en faveur de la Langue Françaife, que vous paraiffez déprifer un peu trop. On prend fouvent le parti de fa femme, quand la maîtreffe ne la ménage pas affez.

Je crois, Monfieur, qu'il n'y a

aucune Langue parfaite : il en eſt des Langues comme de bien d'autres choſes, dans leſquelles les ſçavants ont reçu la loi des ignorants. C'eſt le peuple qui a formé tous les langages ; les ouvriers ont nommé tous leurs inſtruments. Les peuples à peine raſſemblés ont donné des noms à tous leurs beſoins ; & après un très-grand nombre de ſiécles, les hommes de génie ſe ſont ſervis comme ils ont pû des termes établis au hazard par le peuple.

Il me paraît qu'il n'y a dans le monde que deux Langues véritablement harmonieuſes, la Grecque & la Latine. Ce ſont en effet les ſeules dont les vers ayent une vraie meſure, un rithme certain, un vrai mêlange de dactyles & de ſpondées, une valeur réelle dans les ſyllabes. Les ignorants qui formerent ces deux Langues avaient ſans doute la tête plus ſonnante, l'oreille plus juſte, les ſens plus délicats que les autres nations.

Vous avez, comme vous le dites, Monſieur, des ſyllabes longues & bréves dans votre belle Langue Italienne. Nous en avons aulli ; mais ni vous, ni nous, ni aucun peuple, n'avons de véritables dactiles & de véritables ſpondées. Nos vers ſont caractériſés par le nombre, & non par la valeur des ſyllabes. *La bella lingua toſcana é la figlia primogenita del' latino.* Mais jouiſſez de votre droit d'aîneſſe, & laiſſez à vos cadettes partager quelque choſe de la ſucceſſion.

J'ai toujours regardé les Italiens comme nos maîtres ; mais avouez que vous avez fait de fort bons diſciples. Preſque toutes les Langues de l'Europe ont aujourd'hui des beautés & des défauts qui ſe compenſent. Vous n'avez point ces mélodieuſes & nobles terminaiſons des mots Eſpagnols, qu'un heureux concours de voyelles & de conſonnes rendent ſi ſonores. Los *ombres*, las *hiſtorias*, las *coſtumbres.* Il vous manque auſſi ces diphtongues, qui dans notre langue font un effet ſi harmonieux. Les *Rois*, les *Exploits*, les *Hiſtoires*. Vous nous reprochez nos *E* muets, comme un ſon triſte & ſourd, qui expire dans notre bouche. Mais c'eſt préciſément dans ces *E* muets que conſiſte la grande harmonie de notre Proſe & de nos Vers. *Empire*, *Couronne*, *Diadême*, *Flamme*, *Tendreſſe*, *Victoire*. Toutes ces déſinances heureuſes laiſſent dans l'oreille un ſon qui ſubſiſte encore après le mot prononcé, comme un claveſſin qui raiſonne encore quand les doigts ne frappent plus les touches.

Avouez, Monſieur, que la prodigieuſe variété de toutes ces déſinances peut avoir quelque avantage ſur les cinq terminaiſons de tous les mots de votre langue. Encore, de ces cinq terminaiſons, faut-il retrancher la derniere ; car vous n'avez que ſept ou huit mots qui ſe terminent en *u* : reſte donc quatre fons , a, e, i, o, qui finiffent tous les mots Italiens.

Penfez - vous de bonne foi, que l'oreille d'un étranger foit bien flattée , quand il lit pour la premiere fois, *Il capitano chel' grand fepolcro libero di chrifto , & che molto o pro col' fenno & colla mano?* Croyez-vous que tous ces o foyent bien agréables à une oreille qui n'y eft pas accoutumée ? Comparez à cette uniformité fi fatiguante pour tout étranger, comparez à cette fé-chereffe ces deux vers fimples de Corneille :

> Le deftin fe déclare, & nous venons d'entendre
> Ce qu'il a réfolu du beau-pere & du gendre.

Voyez que chaque mot fe termine différemment.

Prononcez ces vers d'Homere :

Ex o dai ta prota diafteten erifanté
Atreides anax andron, kai dios Akilleus
Ἐξ ὅ δὴ τὰπ.ῶτα διαςἡτην ἐρίσαντε
Ἀτρείδης τε ἄναξ ἀνδρῶν, κὴ δῖος Ἀχιλλεύς.

Qu'on prononce ces vers devant une jeune perſonne, ſoit Anglaiſe, ſoit Allemande, qui aura l'oreille un peu délicate, elle donnera la préférence au Grec : elle ſouffrira le Français, elle ſera un peu choquée de la répétition continuelle des déſinances Italiennes. C'eſt une expérience que j'ai faite pluſieurs fois.

Vous vantez, Monſieur, l'extrême abondance de votre langue; mais permettez-nous de n'être pas dans la diſette. Il n'eſt à la vérité aucun idiome au monde qui exprime toutes les nuances des choſes. Toutes ſont pauvres à cet égard : aucune ne peut exprimer, par exemple, en un ſeul mot, l'amour fondé ſur l'eſtime ou ſur la beauté ſeule, ou ſur la convenance des caracteres, ou ſur le ſeul beſoin d'aimer. Il en eſt ainſi de toutes nos paſſions, de toutes les qualités de notre ame. Ce que l'on ſent le mieux eſt ſouvent ce qui manque de terme.

Mais , Monſieur , ne croyez pas que nous ſoyons réduits à l'extrême indigence que vous nous reprochez en tout. Vous faites un catalogue à deux colonnes de votre ſuperflu & de notre pauvreté. Vous mettez d'un côté , *orgoglio* , *alterigia* , *ſuperbia* ; & de l'autre , *orgueil* tout ſeul. Cependant , Monſieur , nous avons , *orgueil* , *ſuperbe* , *hauteur* , *fierté* , *élévation* , *dedain* , *arrogance* , *inſolence* , *gloire* (dans le ſens de reproche) *gloriole* , *préſomption* , *outre-cuidance* (mot très-énergique & trop abandonné.) Tous ces mots expriment des nuances différentes , de même que chez vous , *orgoglio* , *alterigia* , *ſuperbia* , ne ſont pas tou-jours ſynonimes.

Vous nous reprochez dans votre alphabet de nos miſeres , de n'a-voir qu'un mot pour ſignifier *vail-lant*. Je ſçais , Monſieur , que vo-

tre nation est très vaillante : l'Alle-
magne & la France ont eu le bon-
heur d'avoir à leur service de très-
braves & de très grands Officiers
Italiens.

L'Italico valor non è encor morto.

Mais si vous avez *valente*, *prode*,
animoso ; nous avons, *vaillant*, *valeureux*, *preux*, *courageux*, *intrépide*,
hardi, *animé*, *audacieux*, *brave*, &c.
Ce courage, cette bravoure, ont
plusieurs caracteres differents, qui
ont chacun leurs termes propres.
Nous dirons bien que nos généraux
sont vaillants, courageux, braves,
&c. mais nous distinguerons le courage vif & audacieux du général
qui emporta l'épée à la main tous
les ouvrages du Port-Mahon taillés
dans le roc vif ; la fermeté cons-
tante, réfléchie, adroite, avec la-
quelle un de nos chefs sauva une
garnison entiere d'une ruine cer-
taine, & fit une marche de trente

lieues à la vue d'une armée enne-
mie de cinquante mille combattans.

Nous exprimerons encore diffe-
remment l'intrépidité tranquile que
les connaiffeurs admirerent dans le
petit neveu du héros de la Valte-
line, lorfqu'ayant vû fon armée en
déroute par la terreur panique de
de nos alliés, qui caufa la nôtre,
ayant aperçu le Régiment de Dies-
bach & un autre qui faifaient ferme
contre une armée victorieufe, quoi-
qu'ils fuffent entamés par la cava-
lerie, & foudroyés par le canon,
marcha feul à ces Régiments, loua
leur *valeur*, leur *courage*, leur *fermeté*, leur *intrépidité*, leur *vail-
lance*, leur *patience*, leur *audace*, leur
animofité, leur *bravoure*, &c. Voyez,
Monfieur, que de termes pour un.
Enfuite il eut le courage de rame-
ner ces deux Régiments à petits
pas, & de les fauver du péril où
leur valeur les jettoit; les conduifit
en bravant les ennemis victorieux,

& eut encore le courage de foute-
nir les réproches d'une multitude
mal inftruite.

Vous verrez encore, Monfieur,
que le *courage*, *la valeur*, *la fermeté*
de celui qui a gardé Caffel & Got-
tingen, malgré les efforts de foi-
xante mille ennemis très valeureux,
eft un courage compofé d'*activité*,
de *prévoyance* & *d'audace*. C'eft auffi
ce qu'on a reconnu dans celui qui
a fauvé Vezel. Croyez, Monfieur,
que nous avons dans notre langue
l'efprit de faire fentir ce que les dé-
fenfeurs de notre patrie ont le mé-
rite de faire.

Vous nous infultez, Monfieur,
fur le mot de *ragout*. Vous vous
imaginez que nous n'avons que ce
terme pour exprimer nos entrées
de table. Plût à Dieu que vous euf-
fiez raifon! je m'en porterais mieux;
mais malheureufement nous avons
un Dictionnaire entier de cuifine.

Vous vous vantez de deux expreſſions pour ſignifier *gourmand*. Mais daignez plaindre , Monſieur , nos *gourmands* , nos *goulus* , nos *friands* , nos *mangeurs* , nos *gloutons*.

Vous ne connaiſſez que le mot de *ſcavant* : ajoutez-y , s'il vous plait , *docte*, *erudit*, *inſtruit*, *éclairé* ; vous trouverez parmi nous le nom & la choſe.

Croyez qu'il en eſt ainſi de tous les reproches que vous nous faites.

Nous n'avons point, dites-vous , de diminutifs : nous en avions autant que vous du temps de Marot & de Rabelais ; mais cette puérilité nous a paru indigne de la majeſté d'une langue annoblie par les Paſcals , les Boſſuets , les Fenelons , les Péliſſons , les Corneilles , les Deſpréaux , les Racines , les Maſſillons. Nous avons laiſſé à Ronſard , à Marot , à Dubartas , ces diminutifs badins en

otte & en *ette*, & nous n'avons guè-
res confervé que, fleurette, amou-
rette, fillette, grandelette : encore
ne les employons nous que dans
le ftile familier. N'imitez pas le
Buon-Matei (qui dans fa harangue
à l'Académie de la Crufca, que je
refpecte, & dont j'ai l'honneur d'ê-
tre) fait tant valoir l'avantage d'exprimer Corbello, & Corbellino,
en oubliant que nous avons des Cor-
beilles & des Corbillons.

Vous poffedez, Monfieur, des
avantages bien plus réels, celui des
inverfions, celui de faire plus fa-
cilement cent bons vers en Italien,
que nous n'en pouvons faire dix
en Français. La raifon de cette fa-
cilité, c'eft que vous vous permet-
tez ces hiatus, ces baillements de
fyllabes, que nous profcrivons.
C'eft que tous vos mots finiffent en
a, e, i, o ; que vous avez, au
moins, vingt fois plus de rimes que

nous, & que par-deſſus cela vous pouvez encore vous paſſer de rimes.

Mais, croyez-moi, Monſieur, ne reprochez à notre langue, ni la rudeſſe, ni le défaut de proſodie, ni l'obſcurité, ni la ſéchereſſe. Vos traductions prouveroient le contraïre : liſez d'ailleurs tout ce que M. l'Abbé d'Olivet a compoſé ſur la maniere de bien parler notre langue : liſez M. Duclos. Voyez avec combien de force, de clarté, d'énergie, s'expriment M. d'Alembert & M. Diderot. Quelles expreſſions pittoreſques emploient ſouvent M. de Buffon & M. Helvétius, dans des ouvrages qui n'en paraiſ-ſaient pas ſuſceptibles !

Je finis cette Lettre trop longue, par une ſeule réflexion. Si le peuple a formé les langues, les grands hommes les perfectionnent par de bons livres ; & la premiere de tou_tss_ les langues, eſt celle qui a le plus d'excellents ouvrages.

J'ai l'honneur d'être, Monsieur,
avec beaucoup d'estime pour vous
& pour la langue Italienne, &c.

VOLTAIRE.

Au Château de Ferney en Bourgogne,
24 Janvier 1761.